Todos los libros de Linkgua Ediciones cuentan con modelos de Inteligencia Artificial entrenados por hispanistas. Pregúntale al chat de tu libro lo que desees acerca de la obra o su autor/a.

Para ebooks: Accede a nuestro modelo de IA a través de este enlace.

Para libros impresos: Escanea el código QR de la portada con tu dispositivo móvil.

Obtén análisis detallados de nuestros libros, resúmenes, respuestas a tus preguntas y accede a nuestras ediciones críticas generativas para una experiencia de lectura más enriquecedora.

La transparencia y el respeto hacia la autoría de las fuentes utilizadas son distintivos básicos de nuestro proyecto. Por ello, las respuestas ofrecen, mediante un sistema de citas, las fuentes con las que han sido elaboradas.

Autores varios

Constitución de Puerto Rico

Barcelona 2024
Linkgua-ediciones.com

Créditos

Título original: Constitución de Puerto Rico.

© 2024, Red ediciones S.L.

e-mail: info@linkgua.com

Diseño de cubierta: Michel Mallard.i

ISBN rústica ilustrada: 978-84-1126-975-9.
ISBN tapa dura: 978-84-1126-607-9.
ISBN rústica: 978-84-96428-12-6.
ISBN ebook: 978-84-9897-615-1.

Sumario

Artículo IV. Del Poder Ejecutivo   43

Artículo V. Del Poder Judicial   49

Ley Pública 600 del 3 de julio de 1950 de Puerto Rico

Ley Pública 600, 81.ᵉʳ Ley del Congreso; proveyendo para la Organización de un Gobierno Constitucional por el pueblo de Puerto Rico (ELA) (Ley del 3 de julio de 1950, cap. 446, 64 Stat. 314.) (1 L.P.R.A. Documentos Históricos)

Por cuanto,

el congreso de los Estados Unidos por medio de una serie de acciones legislativas ha reconocido, progresivamente, el derecho que el pueblo de Puerto Rico tiene al gobierno propio; y

Por cuanto,

bajo los términos de esta legislación congresional, Puerto Rico ha ido obteniendo una medida cada vez mayor de gobierno propio, Por tanto,

Artículo 1.

Decrétase por el Senado y la Cámara de Representantes de los Estados Unidos de América, reunidos en Congreso, que, reconociendo ampliamente el principio del gobierno por consentimiento de los gobernados, se aprueba esta Ley, con el carácter de un convenio, de manera, que el pueblo de Puerto Rico pueda organizar un gobierno basado en una Constitución adoptada por él mismo.

Artículo 2.

Esta Ley deberá someterse para su aceptación o rechazo a los electores capacitados de Puerto Rico por medio de un referéndum en toda la isla que deberá celebrarse de acuerdo con las leyes de Puerto Rico. Al aprobarse esta Ley por una mayoría de los electores que participen en dicho referéndum, la Asamblea Legislativa de Puerto Rico queda autorizada para convocar una convención constitucional que redacte una Constitución para dicha Isla de Puerto Rico. Dicha Constitución deberá crear un gobierno republicano en forma y deberá incluir una carta de derechos.

Artículo 3.

Al ser adoptada la Constitución por el pueblo de Puerto Rico, el Presidente de los Estados Unidos queda autorizado para enviar tal Constitución al Congreso de los Estados Unidos, si él llega a la conclusión de que tal Constitución está de acuerdo con las disposiciones aplicables de esta Ley y de la Constitución de los Estados Unidos.

Al ser aprobada por el Congreso, la Constitución entrará en vigor de acuerdo con sus términos.

Artículo 4.

Excepto en lo dispuesto en el **Artículo 5** de esta Ley, el estatuto titulado «Ley para proveer un gobierno civil para Puerto Rico, y para otros fines», aprobada el 2 de marzo de 1917, según ha sido enmendado, por la presente continúa en su fuerza y vigor y podrá en adelante citarse como la «Ley de Relaciones Federales con Puerto Rico».

Artículo 5.

Al momento que la Constitución de Puerto Rico entre en vigor se considerarán derogadas las siguientes disposiciones de dicha ley del 2 de marzo de 1917, según ha sido enmendada:

(1) El **Artículo** 2, excepto el párrafo añadido por la ley pública 362, del Octogésimo Congreso, Primera Sesión, aprobada el 5 de agosto de 1947.

(2) Los arts. 4, 12, 12a, 13, 14, 15, 16, 17, 18, 18a, 19, 20, 21, 22, 23, 24, 25, 26, 27, 28, 29, 30, 31, 32, 33, 34, 35, 39, 40, 49, 49b, 50, 51, 52, 53, 56 y 57.

(3) El último párrafo del **Artículo** 37.

(4) El **Artículo** 38, excepto el segundo párrafo del mismo que Comienza con las palabras «The Interstate Commerce Act» y termina con las palabras «shall not apply to Puerto Rico».[1]

Artículo 6.

Toda ley o parte de ley inconsistente con esta Ley queda por ésta derogada.

---

1   Nota: En el texto oficial de la Ley Orgánica en español el segundo párrafo del artículo 38 comienza así: «No serán aplicables a Puerto Rico la Ley Sobre Comercio Interestatal, etc.» y termina «aprobada en 1 de marzo de 1913».

Constitución del Estado Libre Asociado de Puerto Rico

Preámbulo

Nosotros, el pueblo de Puerto Rico, a fin de organizarnos políticamente sobre una base plenamente democrática, promover el bienestar general y asegurar para nosotros y nuestra posteridad el goce cabal de los derechos humanos, puesta nuestra confianza en Dios Todopoderoso, ordenamos y establecemos esta Constitución para el Estado Libre Asociado que en el ejercicio de nuestro derecho natural ahora creamos dentro de nuestra unión con los Estados Unidos de América.

Al así hacerlo declaramos:

Que el sistema democrático es fundamental para la vida de la comunidad puertorriqueña;

Que entendemos por sistema democrático aquel donde la voluntad del pueblo es la fuente del poder público, donde el orden político está subordinado a los derechos del hombre y donde se asegura la libre participación del ciudadano en las decisiones colectivas;

Que consideramos factores determinantes en nuestra vida la ciudadanía de los Estados Unidos de América y la aspiración a continuamente enriquecer nuestro acervo democrático en el disfrute individual y colectivo de sus derechos y prerrogativas; la lealtad a los postulados de la Constitución Federal; la convivencia en Puerto Rico de las dos grandes culturas del hemisferio americano; el afán por la educación; la fe en la justicia; la devoción por la vida esforzada, laboriosa y pacífica; la fidelidad a los valores del ser humano por encima de posiciones sociales, diferencias raciales e intereses económicos; y la esperanza de un mundo mejor basado en estos principios.

Artículo I. Del Estado Libre Asociado

Sección 1. Constitución del Estado Libre Asociado de Puerto Rico

Se constituye el Estado Libre Asociado de Puerto Rico. Su poder político emana del pueblo y se ejercerá con arreglo a su voluntad, dentro de los términos del convenio acordado entre el pueblo de Puerto Rico y los Estados Unidos de América.

Sección 2. Forma de gobierno

El gobierno del Estado Libre Asociado de Puerto Rico tendrá forma republicana y sus Poderes Legislativo, Ejecutivo y Judicial, según se establecen por esta Constitución, estarán igualmente subordinados a la soberanía del pueblo de Puerto Rico.

Sección 3. Área geográfica

La autoridad política del Estado Libre Asociado de Puerto Rico se extenderá a la Isla de Puerto Rico y a las islas adyacentes dentro de su jurisdicción.

Sección 4. Sede del gobierno

La sede de gobierno será la ciudad de San Juan Bautista de Puerto Rico.

Artículo II. Carta de derechos

Sección 1. Dignidad e igualdad del ser humano; discrimen, prohibido

La dignidad del ser humano es inviolable. Todos los hombres son iguales ante la Ley. No podrá establecerse discrimen alguno por motivo de raza, color, sexo, nacimiento, origen o condición social, ni ideas políticas o religiosas. Tanto las leyes como el sistema de instrucción pública encarnarán estos principios de esencial igualdad humana.

Sección 2. Sufragio, franquicia electoral

Las leyes garantizarán la expresión de la voluntad del pueblo mediante el sufragio universal, igual, directo y secreto, y protegerán al ciudadano contra toda coacción en el ejercicio de la prerrogativa electoral.

Sección 3. Libertad de culto

No se aprobará ley alguna relativa al establecimiento de cualquier religión ni se prohibirá el libre ejercicio del culto religioso. Habrá completa separación de la iglesia y el estado.

Sección 4. Libertad de palabra y de prensa; reunión
pacifica; petición para reparar agravios

No se aprobará ley alguna que restrinja la libertad de palabra o de prensa o el derecho del pueblo a reunirse en asamblea pacífica y a pedir al gobierno la reparación de agravios.

Sección 5. Instrucción pública

Toda persona tiene derecho a una educación que propenda al pleno desarrollo de su personalidad y al fortalecimiento del respeto de los derechos del hombre y de las libertades fundamentales. Habrá un sistema de instrucción pública el cual será libre y enteramente no sectario. La enseñanza será gratuita en la escuela primaria y secundaria y, hasta donde las facilidades del Estado lo permitan, se hará obligatoria para la escuela primaria. La asistencia obligatoria a las escuelas públicas primarias, hasta donde las facilidades del Estado lo permitan, según se dispone en la presente, no se interpretará como aplicable a aquellos que reciban instrucción primaria en escuelas establecidas bajo auspicios no gubernamentales. No se utilizará propiedad ni fondos públicos para el sostenimiento de escuelas o instituciones educativas que no sean las del Estado. Nada de lo contenido en esta disposición impedirá que el Estado pueda prestar a cualquier niño servicios no educativos establecidos por ley para protección o bienestar de la niñez.

Sección 6. Libertad de organización

Las personas podrán asociarse y organizarse libremente para cualquier fin lícito, salvo en organizaciones militares o cuasi militares.

Sección 7. Derecho a la vida, a la libertad y al disfrute de la propiedad; pena de muerte, no existirá; debido proceso; igual protección de las leyes; menoscabo de contratos; propiedad exenta de embargo

Se reconoce como derecho fundamental del ser humano el derecho a la vida, a la libertad y al disfrute de la propiedad. No existirá la pena de muerte. Ninguna persona será privada de su libertad o propiedad sin debido proceso de ley, ni se negará a persona alguna en Puerto Rico la igual protección de las leyes. No se aprobarán leyes que menoscaben las obligaciones contractuales. Las leyes determinarán un mínimo de propiedad y pertenencias no sujetas a embargo.

Sección 8. Protección contra ataques a la honra, a la reputación y a la vida privada

Toda persona tiene derecho a protección de ley contra ataques abusivos a su honra, a su reputación y a su vida privada o familiar.

Sección 9. Justa compensación por propiedad privada

No se tomará o perjudicará la propiedad privada para uso público a no ser mediante el pago de una justa compensación y de acuerdo con la forma provista por ley. No se aprobará ley alguna autorizando a expropiar imprentas, maquinarias o material dedicados a publicaciones de cualquier índole. Los edificios donde se encuentren instaladas solo podrán expropiarse previa declaración judicial de necesidad y utilidad públicas mediante procedimientos que fijará la Ley, y solo podrán tomarse antes de la declaración judicial, cuando se provea para la publicación un local adecuado en el cual pueda instalarse y continuar operando por un tiempo razonable.

Sección 10. Registros e incautaciones; intercepción de comunicaciones telefónicas; mandamientos

No se violará el derecho del pueblo a la protección de sus personas, casas, papeles y efectos contra registros, incautaciones y allanamientos irrazonables.

No se interceptará la comunicación telefónica.

Solo se expedirán mandamientos autorizando registros, allanamientos o arrestos por autoridad judicial, y ello únicamente cuando exista causa probable apoyada en juramento o afirmación, describiendo particularmente el lugar a registrarse, y las personas a detenerse o las cosas a ocuparse.

Evidencia obtenida en violación de esta **Sección** será inadmisible en los tribunales.

Sección 11. Procesos criminales; juicio ante jurado; autoincriminación; doble exposición por el mismo delito; fianza; encarcelación

En todos los procesos criminales, el acusado disfrutará del derecho a un juicio rápido y público, a ser notificado de la naturaleza y causa de la acusación recibiendo copia de la misma, a carearse con los testigos de cargo, a obtener la comparecencia compulsoria de testigos a su favor, a tener asistencia de abogado, y a gozar de la presunción de inocencia.

En los procesos por delito grave el acusado tendrá derecho a que su juicio se ventile ante un jurado imparcial compuesto por doce vecinos del distrito, quienes podrán rendir veredicto por mayoría de votos en el cual deberán concurrir no menos de nueve.

Nadie será obligado a incriminarse mediante su propio testimonio y el silencio del acusado no podrá tenerse en cuenta ni comentarse en su contra.

Nadie será puesto en riesgo de ser castigado dos veces por el mismo delito.

Todo acusado tendrá derecho a quedar en libertad bajo fianza antes de mediar un fallo condenatorio.

La detención preventiva antes del juicio no excederá de seis meses. Las fianzas y las multas no serán excesivas. Nadie será encarcelado por deuda.

Sección 12. Esclavitud; servidumbre involuntaria; castigos crueles e inusitados; derechos civiles; leyes «ex post facto»; «proyectos» para condenar sin celebración de juicio

No existirá la esclavitud, ni forma alguna de servidumbre involuntaria salvo la que pueda imponerse por causa de delito, previa sentencia condenatoria. No se impondrán castigos crueles e inusitados. La suspensión de los derechos civiles incluyendo el derecho al sufragio cesará al cumplirse la pena impuesta.

No se aprobarán leyes ex post facto ni proyectos para condenar sin celebración de juicio.

Sección 13. Hábeas corpus; autoridad militar, subordinada

El auto de hábeas corpus será concedido con rapidez y libre de costas. No se suspenderá el privilegio del auto de hábeas corpus a no ser que, en casos de rebelión, insurrección o invasión, así lo requiera la seguridad pública. Solo la Asamblea Legislativa tendrá el poder de suspender el privilegio del auto de hábeas corpus y las leyes que regulan su concesión.

La autoridad militar estará siempre subordinada a la autoridad civil.

Sección 14. Títulos de nobleza; regalos de países
extranjeros

No se conferirán títulos de nobleza ni otras dignidades hereditarias. Ningún funcionario o empleado del Estado Libre Asociado aceptará regalos, donativos, condecoraciones o cargos de ningún país o funcionario extranjero sin previa autorización de la Asamblea Legislativa.

Sección 15. Empleo y encarcelación de menores

No se permitirá el empleo de menores de catorce años en cualquier ocupación perjudicial a la salud o a la moral o que de alguna manera amenace la vida o integridad física.

No se permitirá el ingreso de un menor de dieciséis años en una cárcel o presidio.

Sección 16. Derechos de los empleados

Se reconoce el derecho de todo trabajador a escoger libremente su ocupación y a renunciar a ella, a recibir igual paga por igual trabajo, a un salario mínimo razonable, a protección contra riesgos para su salud o integridad personal en su trabajo o empleo, y a una jornada ordinaria que no exceda de ocho horas de trabajo. Solo podrá trabajarse en exceso de este límite diario, mediante compensación extraordinaria que nunca será menor de una vez y media el tipo de salario ordinario, según se disponga por ley.

Sección 17. Derecho a organizarse y negociar colectivamente

Los trabajadores de empresas, negocios y patronos privados y de agencias o instrumentalidades del gobierno que funcionen como empresas o negocios privados tendrán el derecho a organizarse y a negociar colectivamente con sus patronos por mediación de representantes de su propia y libre selección para promover su bienestar.

Sección 18. Derecho a la huelga, a establecer piquetes, etc.

A fin de asegurar el derecho a organizarse y a negociar colectivamente, los trabajadores de empresas, negocios y patronos privados y de agencias o instrumentalidades del gobierno que funcionen como empresas o negocios privados tendrán, en sus relaciones directas con sus propios patronos, el derecho a la huelga, a establecer piquetes y a llevar a cabo otras actividades concertadas legales.

Nada de lo contenido en esta **Sección** menoscabará la facultad de la Asamblea Legislativa de aprobar leyes para casos de grave emergencia cuando estén claramente en peligro la salud o la seguridad públicas, o los servicios públicos esenciales.

Sección 19. Interpretación liberal de los derechos del ser
humano y facultades de la Asamblea Legislativa

La enumeración de derechos que antecede no se entenderá
en forma restrictiva ni supone la exclusión de otros derechos
pertenecientes al pueblo en una democracia, y no menciona-
dos específicamente. Tampoco se entenderá co restrictiva de
la facultad de la Asamblea Legislativa para aprobar leyes en
protección de la vida, la salud y el bienestar del pueblo.

Sección 20. Derechos humanos reconocidos; deber del
pueblo y del gobierno

El Estado Libre Asociado reconoce, además, la existencia
de los siguientes derechos humanos:

El derecho de toda persona recibir gratuitamente la instrucción primaria y secundaria.

El derecho de toda persona a obtener trabajo.

El derecho de toda persona a disfrutar de un nivel de vida
adecuado que asegure para sí y para su familia la salud, el
bienestar y especialmente la alimentación, el vestido, la vivienda, la asistencia médica y los servicios sociales necesarios.

El derecho de toda persona a la protección social en el
desempleo, la enfermedad, la vejez o la incapacidad física.

El derecho de toda mujer en estado grávido o en época de lactancia y el derecho de todo niño, a recibir cuidados y ayudas especiales.

Los derechos consignados en esta **Sección** están íntimamente vinculados al desarrollo progresivo de la economía del Estado

Libre Asociado y precisan, para su plena efectividad, suficiencia de recursos y un desenvolvimiento agrario e industrial que no ha alcanzado la comunidad puertorriqueña.

En su deber de propiciar la libertad integral del ciudadano, el pueblo y el gobierno de Puerto Rico se esforzarán por promover la mayor expansión posible de su sistema productivo, asegurar la más justa distribución de sus resultados económicos, y lograr el mejor entendimiento entre la iniciativa individual y la cooperación colectiva. El Poder Ejecutivo y el Poder Judicial tendrán presente este deber y considerarán las leyes que tiendan a cumplirlo en la manera más favorable posible.

Artículo III. Del Poder Legislativo

Sección 1. La Asamblea Legislativa

El Poder Legislativo se ejercerá por una Asamblea Legislativa, que se compondrá de dos Cámaras —el Senado y la Cámara de Representantes— cuyos miembros serán elegidos por votación directa en cada elección general.

Sección 2. Número de miembros

El Senado se compondrá de veintisiete Senadores y la Cámara de Representantes de cincuenta y un Representantes, excepto cuando dicha composición resultare aumentada a virtud de lo que se dispone en la **Sección** 7 de este **Artículo**.

Sección 3. Distritos senatoriales y representativos; senadores y representantes por acumulación

Para los fines de la elección de los miembros a la Asamblea Legislativa, Puerto Rico estará dividido en ocho distritos senatoriales y en cuarenta distritos representativos. Cada distrito senatorial elegirá dos Senadores y cada distrito representativo un Representante.

Se elegirán además once Senadores y once Representantes por acumulación. Ningún elector podrá votar por más de un candidato a Senador por Acumulación ni por más de un candidato a Representante por Acumulación.

Sección 4. Junta revisadora de los distritos senatoriales
y representativos

En las primeras y siguientes elecciones bajo esta Constitución regirá la división en distritos senatoriales y representativos que aparece en el **Artículo** VIII. Dicha división será revisada después de cada censo decenal a partir del año 1960, por una Junta que estará compuesta del Juez Presidente del Tribunal Supremo como Presidente y de dos miembros adicionales nombrados por el Gobernador con el consejo y consentimiento del Senado. Los dos miembros adicionales no podrán pertenecer a un mismo partido político. Cualquier revisión mantendrá el número de distritos senatoriales y representativos aquí creados, los cuales estarán compuestos de territorios contiguos y compactos y se organizarán, hasta donde sea posible, sobre la base de población y medios de comunicación. Cada distrito senatorial incluirá siempre cinco distritos representativos.

La junta adoptará sus acuerdos por mayoría y sus determinaciones regirán para las elecciones generales que se celebren después de cada revisión. La Junta quedará disuelta después de practicada cada revisión.

Sección 5. Requisitos de miembros de la Asamblea
Legislativa

Ninguna persona podrá ser miembro de la Asamblea Legislativa a menos que sepa leer y escribir cualquiera de los dos idiomas, español o inglés; sea ciudadano de los Estados Unidos y de Puerto Rico y haya residido en Puerto Rico por lo menos durante los dos años precedentes a la fecha de la elección o nombramiento. Tampoco podrán ser miembros del Senado las personas que no hayan cumplido treinta años de edad, ni podrán ser miembros de la Cámara de Representantes las que no hayan cumplido veinticinco años de edad.

Sección 6. Residencia en distrito

Para ser electo o nombrado Senador o Representante por un distrito será requisito haber residido en el mismo durante no menos de un año con anterioridad a su elección o nombramiento. Cuando hubiere más de un distrito representativo en un municipio, se cumplirá este requisito con la residencia en el municipio.

Sección 7. Representación de partidos de la minoría; miembros adicionales

Cuando en una elección general resultaren electos más de dos terceras partes de los miembros de cualquiera de las cámaras por un solo partido o bajo una sola candidatura, según ambos términos se definan por ley, se aumentará el número de sus miembros en los siguientes casos:

(a) Si el partido o candidatura que eligió más de dos terceras partes de los miembros de cualquiera o ambas cámaras hubiese obtenido menos de dos terceras partes del total de los votos emitidos para el cargo de Gobernador, se aumentará el número de miembros del Senado o de la Cámara de Representantes o de ambos cuerpos, según fuere el caso, declarándose electos candidatos del partido o partidos de minoría en número suficiente hasta que la totalidad de los miembros del partido o partidos de minoría alcance el número de nueve en el Senado y de diecisiete en la Cámara de Representantes. Cuando hubiere más de un partido de minoría, la elección adicional de candidatos se hará en la proporción que guarde el número de votos emitidos para el cargo de Gobernador por cada uno de dichos partidos con el voto que para el cargo de Gobernador depositaron en total esos partidos de minoría.

Cuando uno o más partidos de minoría hubiese obtenido una representación en proporción igual o mayor a la proporción de votos alcanzada por su candidato a Gobernador, no participará en la elección adicional de candidatos hasta tanto se hubiese completado la representación que le correspondiese bajo estas disposiciones, a cada uno de los otros partidos de minoría.

(b) Si el partido o candidatura que eligió más de dos terceras partes de los miembros de cualquiera o ambas cámaras hubiese obtenido más de dos terceras partes del total de los votos emitidos para el cargo de Gobernador, y uno o más partidos de minoría no eligieron el número de miembros que les correspondía en el Senado o en la Cámara de Representantes o en ambos cuerpos, según fuere el caso, en proporción a los votos depositados por cada uno de ellos para el cargo de Gobernador, se declararán electos adicionalmente sus candidatos hasta completar dicha proporción en lo que fuere posible, pero los Senadores de todos los partidos de minoría no serán nunca, bajo esta disposición, más de nueve ni los Representantes más de diecisiete.

Para seleccionar los candidatos adicionales de un partido de minoría, en cumplimiento de estas disposiciones, se considerarán, en primer término, sus candidatos por acumulación que no hubieren resultado electos, en el orden de los votos que hubieren obtenido y, en segundo término sus candidatos de distrito que, sin haber resultado electos, hubieren obtenido en sus distritos respectivos la más alta proporción en el número de votos depositados en relación con la proporción de los votos depositados a favor de otros candidatos no electos del mismo partido para un cargo igual en otros distritos.

Los Senadores y Representantes adicionales cuya elección se declare bajo esta **Sección** serán considerados para todos los fines como Senadores o Representantes por Acumulación.

La Asamblea Legislativa adoptará las medidas necesarias para reglamentar estas garantías, y dispondrá la forma de adjudicar las fracciones que resultaren en la aplicación de las reglas contenidas en esta **Sección**, así como el número mínimo de votos que deberá depositar un partido de minoría a favor de su candidato a Gobernador para tener derecho a la representación que en la presente se provee.

Sección 8. Término del cargo; vacantes

El término del cargo de los Senadores y Representantes comenzará el día dos de enero inmediatamente siguiente a la fecha en que se celebre la elección general en la cual hayan sido electos. Cuando surja una vacante en el cargo de Senador o Representante por un distrito, dicha vacante se cubrirá según se disponga por ley. Cuando la vacante ocurra en el cargo de un Senador o un Representante por Acumulación, se cubrirá por el Presidente de la Cámara correspondiente, a propuesta del partido político a que pertenecía el Senador o Representante cuyo cargo estuviese vacante, con un candidato seleccionado en la misma forma en que lo fue su antecesor. La vacante de un cargo de Senador o Representante por Acumulación electo como candidato independiente, se cubrirá por elección en todos los distritos. [Según enmendada por votación en el referéndum celebrado en 3 de noviembre de 1964.]

Sección 9. Facultades de cada cámara

Cada cámara será el único juez de la capacidad legal de sus miembros, de la validez de las actas y del escrutinio de su elección; elegirá sus funcionarios, adoptará las reglas propias de cuerpos legislativos para sus procedimientos y gobierno interno; y con la concurrencia de tres cuartas partes del número total de los miembros de que se compone, podrá decretar la expulsión de cualquiera de ellos por las mismas causas que se señalan para autorizar juicios de residencia en la **Sección** 21 de este **Artículo**. Cada cámara elegirá un presidente de entre sus miembros respectivos.

Sección 10. Sesiones ordinarias y extraordinarias

La Asamblea Legislativa será un cuerpo con carácter continuo durante el término de su mandato y se reunirá en sesión ordinaria cada año a partir del segundo lunes de enero. La duración de las sesiones ordinarias y los plazos para la radicación y la consideración de proyectos serán prescritos por ley. Cuando el Gobernador convoque a la Asamblea Legislativa a sesión extraordinaria solo podrá considerarse en ella los asuntos especificados en la convocatoria o en mensaje especial que el Gobernador le envíe en el curso de la sesión, la cual no podrá extenderse por más de veinte días naturales.

Sección 11. Sesiones públicas

Las sesiones de las cámaras serán públicas.

Sección 12. Quórum

Una mayoría del número total de los miembros que componen cada cámara constituirá quórum, pero un número menor podrá recesar de día en día y tendrá autoridad para compeler la asistencia de los miembros ausentes.

Sección 13. Lugar de reunión; suspensión de sesiones

Las cámaras legislativas se reunirán en el Capitolio de Puerto Rico, y ninguna de ellas podrá suspender sus sesiones por más de tres días consecutivos sin el consentimiento de la otra.

Sección 14. Privilegios e inmunidades de miembros

Ningún miembro de la Asamblea Legislativa será arrestado mientras esté en sesión la cámara de la cual forme parte, ni durante los quince días anteriores o siguientes a cualquier sesión, excepto por traición, delito grave, o alteración de la paz; y todo miembro de la Asamblea Legislativa gozará de inmunidad parlamentaria por sus votos y expresiones en una u otra cámara o en cualquiera de sus comisiones.

Sección 15. Cargo incompatible con otros cargos

Ningún Senador o Representante podrá ser nombrado, durante el término por el cual fue electo o designado, para ocupar en el Gobierno de Puerto Rico, sus municipios o instrumentalidades, cargo civil alguno creado, o mejorado en su sueldo, durante dicho término. Ninguna persona podrá ocupar un cargo en el Gobierno de Puerto Rico, sus municipios o instrumentalidades y ser al mismo tiempo Senador o Representante. Estas disposiciones no impedirán que un legislador sea designado para desempeñar funciones ad honorem.

Sección 16. Facultad para reorganizar departamentos

La Asamblea Legislativa tendrá facultad para crear, consolidar 0 reorganizar departamentos ejecutivos y definir sus funciones.

Sección 17. Procedimiento legislativo

Ningún proyecto de ley se convertirá en ley a menos que se imprima, se lea, se remita a comisión y ésta lo devuelva con un informe escrito; pero la cámara correspondiente podrá descargar a la comisión del estudio e informe de cualquier proyecto y proceder a la consideración del mismo. Las cámaras llevarán libros de actas donde harán constar lo relativo al trámite de los proyectos y las votaciones emitidas a favor y en contra de los mismos. Se dará publicidad a los procedimientos legislativos en un diario de sesiones, en la forma que se determine por ley. No se aprobará ningún proyecto de ley, con excepción de los de presupuesto general, que contenga más de un asunto, el cual deberá ser claramente expresado en su título, y toda aquella parte de una ley cuyo asunto no haya sido expresado en el título será nula. La ley de presupuesto general solo podrá contener asignaciones y reglas para el desembolso de las mismas. Ningún proyecto de ley será enmendado de manera que cambie su propósito original o incorpore materias extrañas al mismo. Al enmendar cualquier **Artículo** o **Sección** de una ley, dicho **Artículo Sección** será promulgado en su totalidad tal como haya quedado enmendado. Todo proyecto de ley para obtener rentas se originará en la Cámara de Representantes, pero el Senado podrá proponer enmiendas o convenir en ellas como si se tratara de cualquier otro proyecto de ley.

Sección 18. Resoluciones conjuntas

Se determinará por ley los asuntos que puedan ser objeto de consideración mediante resolución conjunta, pero toda resolución conjunta seguirá el mismo trámite de un proyecto de ley.

Sección 19. Aprobación de proyectos; aprobación por el Gobernador

Cualquier proyecto de ley que sea aprobado por una mayoría del número total de los miembros que componen cada cámara se someterá al Gobernador y se convertirá en ley si éste lo firma o si no lo devuelve con sus objeciones a la cámara de origen dentro de diez días (exceptuando los domingos) contados a partir de la fecha en que lo hubiese recibido.

Cuando el Gobernador devuelva un proyecto, la cámara que lo reciba consignará las objeciones del Gobernador en el libro de actas y ambas cámaras podrán reconsiderar el proyecto, que de ser aprobado por dos terceras partes del número total de los miembros que componen cada una de ellas, se convertirá en ley.

Si la Asamblea Legislativa levanta sus sesiones antes de expirar el plazo de diez días de haberse sometido un proyecto al Gobernador, éste quedará relevado de la obligación de devolverlo con sus objeciones, y el proyecto solo se convertirá en ley de firmarlo el Gobernador dentro de los treinta días de haberlo recibido.

Toda aprobación final o reconsideración de un proyecto será en votación por lista.

Sección 20. Rebaja o eliminación de partidas asignando
fondos

Al aprobar cualquier proyecto de ley que asigne fondos
en más de una partida, el Gobernador podrá eliminar una o
más partidas o disminuir las mismas, reduciendo al mismo
tiempo los totales correspondientes.

Sección 21. Procesos de residencia

La Cámara de Representantes tendrá el poder exclusivo de
iniciar procesos de residencia y con la concurrencia de dos
terceras partes del número total de sus miembros formular
acusación. El Senado tendrá el poder exclusivo de juzgar y
dictar sentencia en todo proceso de residencia; y al reunirse
para tal fin los Senadores actuarán a nombre del pueblo y lo
harán bajo juramento o afirmación. No se pronunciará fallo
condenatorio en un juicio de residencia sin la concurrencia
de tres cuartas partes del número total de los miembros que
componen el Senado, y la sentencia se limitará a la separación del cargo. La persona residenciada quedará expuesta y
sujeta a acusación, juicio, sentencia y castigo conforme a la
ley. Serán causas de residencia la traición, el soborno, otros
delitos graves, y aquellos delitos menos grave que impliquen
depravación. El Juez Presidente del Tribunal Supremo presi-
dirá todo juicio de residencia del Gobernador.

Las cámaras legislativas podrán ventilar procesos de residencia en sus sesiones ordinarias o extraordinarias. Los pre-

sidentes de las cámaras a solicitud por escrito de dos terceras partes del número total de los miembros que componen la Cámara de Representantes, deberán convocarlas para entender en tales procesos.

Sección 22. Contralor

Habrá un Contralor que será nombrado por el Gobernador con el consejo y consentimiento de la mayoría del número total de los miembros que componen cada Cámara. El Contralor reunirá los requisitos que se prescriban por ley; desempeñará su cargo por un término de diez años y hasta que su sucesor sea nombrado y tome posesión. El Contralor fiscalizará todos los ingresos, cuentas y desembolsos del Estado, de sus agencias e instrumentalidades y de los municipios, para determinar si se han hecho de acuerdo con la ley. Rendirá informes anuales y todos aquellos informes especiales que le sean requeridos por la Asamblea Legislativa o el Gobernador.

En el desempeño de sus deberes el Contralor estará autorizado para tomar juramentos y declaraciones y para obligar, bajo apercibimiento de desacato, a la comparecencia de testigos y a la producción de libros, cartas, documentos, papeles, expedientes, y todos los demás objetos que sean necesarios para un completo conocimiento del asunto bajo investigación.

El Contralor podrá ser separado de su cargo por las causas y mediante el procedimiento establecido en la **Sección** precedente.

Artículo IV. Del Poder Ejecutivo

Sección 1. El Gobernador

El Poder Ejecutivo se ejercerá por un Gobernador, quien será elegido por voto directo en cada elección general.

Sección 2. Término del cargo; residencia y despacho

El Gobernador ejercerá su cargo por el término de cuatro años a partir del día dos de enero del año siguiente al de su elección y hasta que su sucesor sea electo y tome posesión. Residirá en Puerto Rico, en cuya ciudad capital tendrá su despacho.

Sección 3. Requisitos para gobernador

Nadie podrá ser Gobernador a menos que, a la fecha de la elección, haya cumplido treinta y cinco años de edad, y sea, y haya sido durante los cinco años precedentes, ciudadano de los Estados Unidos de América y ciudadano y residente bona fide de Puerto Rico.

Sección 4. Facultades y deberes del Gobernador

Los deberes, funciones y atribuciones del Gobernador serán:

Cumplir y hacer cumplir las leyes.

Convocar la Asamblea Legislativa o el Senado a sesión extraordinaria cuando a su juicio los intereses públicos así lo requieran.

Nombrar, en la forma que se disponga por esta Constitución o por ley, a todos los funcionarios para cuyo nombramiento esté facultado. El Gobernador podrá hacer nombramientos cuando la Asamblea Legislativa no esté en sesión. Todo nombramiento que requiera el consejo y consentimiento del Senado o de ambas cámaras quedará sin efecto al levantarse la siguiente sesión ordinaria.

Ser comandante en jefe de la milicia.

Llamar la milicia y convocar el posse comitatus a fin de impedir o suprimir cualquier grave perturbación del orden público, rebelión o invasión.

Proclamar la ley marcial cuando la seguridad pública lo requiera en casos de rebelión o invasión o inminente peligro de ellas. La Asamblea Legislativa deberá inmediatamente reunirse por iniciativa propia para ratificar o revocar la proclama.

Suspender la ejecución de sentencias en casos criminales, conceder indultos, conmutar penas y condonar total o parcialmente multas y confiscaciones por delitos cometidos en violación de las leyes de Puerto Rico. Esta facultad no se extiende a procesos de residencia.

Sancionar o desaprobar con arreglo a esta Constitución, las resoluciones conjuntas y los proyectos de ley aprobados por la Asamblea Legislativa.

Presentar a la Asamblea Legislativa, al comienzo de cada sesión ordinaria, un mensaje sobre la situación del Estado y someterle además un informe sobre las condiciones del Tesoro de Puerto Rico y los desembolsos propuestos para el año económico siguiente. Dicho informe contendrá los datos necesarios para la formulación de un programa de legislación.

Ejercer las otras facultades y atribuciones y cumplir los demás deberes que se le señalen por esta Constitución o por ley.

Sección 5. Nombramiento de secretarios; Consejo de Secretarios

Para el ejercicio del Poder Ejecutivo el Gobernador estará asistido de Secretarios de Gobierno que nombrará con el consejo y consentimiento del Senado. El nombramiento del Secretario de Estado requerirá, además, el consejo y consentimiento de la Cámara de Representantes, y la persona nombrada deberá reunir los requisitos establecidos en la **Sección 3** de este **Artículo.** Los Secretarios de Gobierno constituirán colectivamente un consejo consultivo del Gobernador que se denominará Consejo de Secretarios.

Sección 6. Departamentos ejecutivos

Sin perjuicio de la facultad de la Asamblea Legislativa para crear, reorganizar y consolidar departamentos ejecutivos de gobierno, y para definir sus funciones, se establecen los siguientes: de Estado, de Justicia, de Instrucción Pública, de Salud, de Hacienda, de Trabajo, de Agricultura y Comercio y de Obras Públicas. Cada departamento ejecutivo estará a cargo de un Secretario de Gobierno.

Sección 7. Sustitución del Gobernador - Vacante absoluta

Cuando ocurra una vacante en el cargo de Gobernador producida por muerte, renuncia, destitución, incapacidad total y permanente, o por cualquier otra falta absoluta, dicho cargo pasará al Secretario de Estado, quien lo desempeñará por el resto del término y hasta que un nuevo Gobernador sea electo y tome posesión. La ley dispondrá cuál de los Secretarios de Gobierno ocupará el cargo de Gobernador en caso de que simultáneamente quedaren vacantes los cargos de Gobernador y de Secretario de Estado.

Sección 8. Vacante transitoria

Cuando por cualquier causa que produzca ausencia de carácter transitorio el Gobernador esté temporalmente impedido de ejercer sus funciones, lo sustituirá, mientras dure el impedimento, el Secretario de Estado. Si por cualquier razón el Secretario de Estado no pudiere ocupar el cargo, lo ocupará el Secretario de Gobierno que se determine por ley.

Sección 9. Elección por Asamblea Legislativa a falta de
sucesor que llene requisitos

Cuando el Gobernador electo no tomase posesión de su cargo, o habiéndolo hecho ocurra una vacante absoluta en el mismo sin que dicho Gobernador haya nombrado un Secretario de Estado o cuando habiéndolo nombrado éste no haya tomado posesión, la Asamblea Legislativa electa, al reunirse en su primera sesión ordinaria, elegirá por mayoría del número total de los miembros que componen cada cámara, un Gobernador y éste desempeñará el cargo hasta que su sucesor sea electo en la siguiente elección general y tome posesión.

Sección 10. Destitución del Gobernador

El Gobernador podrá ser destituido por las causas y mediante el procedimiento que esta Constitución establece en la **Sección 21 del Artículo III**.

Artículo V. Del Poder Judicial

Sección 1. El Poder judicial; Tribunal Supremo; otros tribunales

El Poder Judicial de Puerto Rico se ejercerá por un Tribunal Supremo, y por aquellos otros tribunales que se establezcan por ley.

Sección 2. Sistema judicial unificado; creación, competencia y organización de los tribunales

Los tribunales de Puerto Rico constituirán un sistema judicial unificado en lo concerniente a jurisdicción, funcionamiento y administración. La Asamblea Legislativa, en cuanto no resulte incompatible con esta Constitución, podrá crear y suprimir tribunales, con excepción del Tribunal Supremo, y determinará su competencia y organización.

Sección 3. Tribunal Supremo será el tribunal de última instancia; organización

El Tribunal Supremo será el tribunal de última instancia en Puerto Rico y se compondrá de un juez presidente y cuatro jueces asociados. El número de sus jueces solo podrá ser variado por ley, a solicitud del propio Tribunal Supremo.

Sección 4. Sesiones y decisiones del Tribunal Supremo

El Tribunal Supremo funcionará, bajo reglas de su propia adopción, en pleno o dividido en salas compuestas de no menos de tres jueces. Ninguna ley se declarará inconstitucional a no ser por una mayoría del número total de los jueces de que esté compuesto el tribunal de acuerdo con esta Constitución o con la ley.

Sección 5. Jurisdicción original del Tribunal Supremo

El Tribunal Supremo, cada una de sus salas, así como cualquiera de sus jueces, podrán conocer en primera instancia de recursos de hábeas corpus y de aquellos otros recursos y causas que se determinen por ley.

Sección 6. Reglas de evidencia y de procedimiento civil
y criminal

El Tribunal Supremo adoptará, para los tribunales, reglas de evidencia y de procedimiento civil y criminal que no menoscaben, amplíen o modifiquen derechos sustantivos de las partes. Las reglas así adoptadas se remitirán a la Asamblea Legislativa al comienzo de su próxima sesión ordinaria y regirán sesenta días después de la terminación de dicha sesión, salvo desaprobación por la Asamblea Legislativa, la cual tendrá facultad, tanto en dicha sesión como posteriormente, para enmendar, derogar o complementar cualquiera de dichas reglas, mediante ley específica a tal efecto.

Sección 7. Reglas de administración; Juez Presidente
dirigirá administración y nombrará director
administrativo

El Tribunal Supremo adoptará reglas para la administración de los tribunales las que estarán sujetas a las leyes relativas a suministros, personal, asignación y fiscalización de fondos, y a otras leyes aplicables en general al gobierno. El Juez Presidente dirigirá la administración de los tribunales y nombrará un director administrativo, quien desempeñará su cargo a discreción de dicho magistrado.

Sección 8. Nombramiento de jueces, funcionarios y
empleados

Los jueces serán nombrados por el Gobernador con el consejo y consentimiento del Senado. Los jueces del Tribunal Supremo no tomarán posesión de sus cargos hasta que sus nombramientos sean confirmados por el Senado y los desempeñarán mientras observen buena conducta. Los términos de los cargos de los demás jueces se fijarán por ley y no podrán ser de menor duración que la prescrita para los cargos de jueces de igual o equivalente categoría existentes en la fecha en que comience a regir esta Constitución. Todo lo relativo al nombramiento de los demás funcionarios y de los empleados de los tribunales, se determinará por ley.

Sección 9. Requisitos para juez del Tribunal Supremo

Nadie será nombrado juez del Tribunal Supremo a menos que sea ciudadano de los Estados Unidos y de Puerto Rico, haya sido admitido al ejercicio de la profesión de abogado en Puerto Rico por lo menos diez años antes del nombramiento y haya residido en Puerto Rico durante los cinco años inmediatamente anteriores al mismo.

Sección 10. Retiro de los jueces

La Asamblea Legislativa establecerá un sistema de retiro para los jueces, retiro que será obligatorio cuando hubieren cumplido setenta años de edad.

Sección 11. Destitución de los jueces

Los jueces del Tribunal Supremo podrán ser destituidos por las causas y mediante el procedimiento que esta Constitución establece en la **Sección** 21 del **Artículo** 111. Los jueces de los demás tribunales podrán ser destituidos por el Tribunal Supremo por las causas y mediante el procedimiento que se disponga por ley.

Sección 12. Actividades políticas de los jueces

Ningún juez aportará dinero, en forma directa o indirecta, a organizaciones o partidos políticos, ni desempeñará cargos en la dirección de los mismos o participará en campañas políticas de clase alguna, ni podrá postularse para un cargo público electivo a menos que haya renunciado al de juez por lo menos seis meses antes de su nominación.

Sección 13. Término del cargo del juez de un tribunal modificado o eliminado

De modificarse o eliminarse por ley un tribunal o una sala o **Sección** del mismo, la persona que en él ocupare un cargo de juez continuará desempeñándolo durante el resto del término por el cual fue nombrado, y ejercerá aquellas funciones judiciales que le asigne el Juez Presidente del Tribunal Supremo.

Artículo VI. Disposiciones generales

Sección 1. Los Municipios

La Asamblea Legislativa tendrá facultad para crear, suprimir, consolidar y reorganizar municipios, modificar sus límites territoriales y determinar lo relativo a su régimen y función; y podrá autorizarlos, además, a desarrollar programas de bienestar general y a crear aquellos organismos que fueren necesarios a tal fin.

Ninguna ley para suprimir o consolidar municipios tendrá efectividad hasta que sea ratificada, en referéndum, por la mayoría de los electores capacitados que participen en el mismo en cada uno de los municipios a suprimirse o consolidarse. La forma del referéndum se determinará por ley que deberá incluir aquellos procedimientos aplicables de la legislación electoral vigente a la fecha de la aprobación de la ley.

Sección 2. Poder para imponer contribuciones; para contraer deudas

El poder del Estado Libre Asociado para imponer y cobrar contribuciones y autorizar su imposición y cobro por los municipios se ejercerá según se disponga por la Asamblea Legislativa, y nunca será rendido o suspendido. El poder del Estado Libre Asociado de Puerto Rico para contraer y autorizar deudas se ejercerá según se disponga por la Asamblea Legislativa, pero ninguna obligación directa del Estado Libre

Asociado de Puerto Rico por dinero tomado a préstamo directamente por el Estado Libre Asociado de Puerto Rico evidenciada mediante bonos o pagarés para el pago de la cual la buena fe, el crédito y el poder de imponer contribuciones del Estado Libre Asociado de Puerto Rico fueren empeñados será emitida por el Estado Libre Asociado de Puerto Rico si el total de (i) el monto del principal e intereses sobre dichos bonos y pagarés, junto con el monto del principal e intereses sobre la totalidad de tales bonos y pagarés hasta entonces emitidos por el Estado Libre Asociado y en circulación, pagaderos en cualquier año económico y (ii) cualesquiera cantidades pagadas por el Estado Libre Asociado en el año económico inmediatamente anterior al año económico corriente en concepto de principal e intereses correspondientes a cualesquiera obligaciones evidenciadas mediante bonos o pagarés garantizadas por el Estado Libre Asociado, excediere el 15 % del promedio del monto total de las rentas anuales obtenidas de acuerdo con las disposiciones de las leyes del Estado Libre Asociado e ingresadas en el Tesoro de Puerto Rico en los dos años económicos inmediatamente anteriores al año económico corriente; y ninguno de dichos bonos o pagarés emitidos por el Estado Libre Asociado para cualquier fin que no fuere facilidades de vivienda vencerá con posterioridad a un término de 30 años desde la fecha de su emisión y ningún bono o pagaré emitido para fines de vivienda vencerá con posterioridad a un término de 40 años desde la fecha de su emisión; y el Estado Libre Asociado no garantizará obligación alguna evidenciada mediante bonos o pagarés si el total de la cantidad pagadera en cualquier año económico en concepto de principal e intereses sobre la totalidad de las antes referidas obligaciones directas hasta entonces emitidas por el Estado Libre Asociado y en circulación y las cantidades a que se hace referencia en la cláusula (ii) excediere el 15 por ciento del promedio del monto total de dichas rentas anuales.

La Asamblea Legislativa fijará límites para la emisión de obligaciones directas por cualquier municipio de Puerto Rico por dinero tomado a préstamo directamente por dicho municipio evidenciada mediante bonos o pagarés para el pago de las cuales la buena fe, el crédito y el poder para imponer contribuciones de dicho municipio fueren empeñados; Disponiéndose, sin embargo, que ninguno de dichos bonos o pagarés será emitido por municipio alguno en una cantidad que, junto con el monto de la totalidad de tales bonos y pagarés hasta entonces emitidos por dicho municipio y en circulación, exceda el por ciento determinado por la Asamblea Legislativa, el cual no será menor del cinco por ciento (5 %) ni mayor del diez por ciento (10 %) del valor total de la tasación de la propiedad situada en dicho municipio.

El Secretario de Hacienda podrá ser requerido para que destine los recursos disponibles incluyendo sobrantes al pago de los intereses sobre la deuda pública y la amortización de la misma en cualquier caso al cual fuere aplicable la **Sección** 8 de este **Artículo** VI mediante demanda incoada por cualquier tenedor de bonos o pagarés emitidos en evidencia de la misma.

Sección 3. Reglas para imponer contribuciones serán
uniformes

Las reglas para imponer contribuciones serán uniformes en Puerto Rico.

Sección 4. Elecciones

Las elecciones generales se celebrarán cada cuatro años en el día del mes de noviembre que determine la Asamblea Legislativa. En dichas elecciones serán elegidos el Gobernador, los miembros de la Asamblea Legislativa y los demás funcionarios cuya elección en esa fecha se disponga por ley.

Será elector toda persona que haya cumplido dieciocho años de edad, y reúna los demás requisitos que se determine por ley. Nadie será privado del derecho al voto por no saber leer o escribir o por no poseer propiedad.

Se dispondrá por ley todo lo concerniente al proceso electoral y de inscripción de electores, así como lo relativo a los partidos políticos y candidaturas.

Todo funcionario de elección popular será elegido por voto directo y se declarará electo aquel candidato para un cargo que obtenga un número mayor de votos que el obtenido por cualquiera de los demás candidatos para el mismo cargo. [Según enmendada por los electores en el referéndum efectuado en Noviembre 1, 1970.]

Sección 5. Promulgación de leyes; término de vigencia

Las leyes deberán ser promulgadas conforme al procedimiento que se prescriba por ley y contendrán sus propios términos de vigencia.

Sección 6. Asignaciones, cuando no se hayan aprobado

Cuando a la terminación de un año económico no se hubieren aprobado las asignaciones necesarias para los gastos ordinarios de funcionamiento del gobierno y para el pago de intereses y amortización de la deuda pública durante el siguiente año económico, continuarán rigiendo las partidas consignadas en las últimas leyes aprobadas para los mismos fines y propósitos, en todo lo que fueren aplicables, y el Gobernador autorizará los desembolsos necesarios a tales fines hasta que se aprueben las asignaciones correspondientes.

Sección 7. Asignaciones no excederán de los recursos

Las asignaciones hechas para un año económico no podrán exceder de los recursos totales calculados para dicho año económico, a menos que se provea por ley para la imposición de contribuciones suficientes para cubrir dichas asignaciones.

Sección 8. Prioridad de desembolsos cuando recursos
no basten

Cuando los recursos disponibles para un año económico no basten para cubrir las asignaciones aprobadas para ese año, se procederá en primer término, al pago de intereses y amortización de la deuda pública, y luego se harán los demás desembolsos de acuerdo con la norma de prioridades que se establezca por ley.

Sección 9. Uso de propiedades y fondos públicos

Solo se dispondrá de las propiedades y fondos públicos para fines públicos y para el sostenimiento y funcionamiento de las instituciones del Estado, y en todo caso por autoridad de ley.

Sección 10. Compensación adicional por servicios;
prórroga del término o disminución de sueldo de
funcionario público; sueldo por más de un cargo

Ninguna ley concederá compensación adicional a un funcionario, empleado, agente o contratista por servicios al gobierno, después que los servicios hayan sido prestados o después que se haya formalizado el contrato. Ninguna ley prorrogará el término de un funcionario público ni disminuirá su sueldo o emolumentos después de su elección o nombramiento. Ninguna persona podrá recibir sueldo por más de un cargo o empleo en el gobierno de Puerto Rico.

Sección 11. Sueldos de funcionarios; aumento o
reducción

Los sueldos del Gobernador, de los Secretarios de Gobierno, de los miembros de la Asamblea Legislativa, del Contralor y de los Jueces se fijarán por ley especial y, con excepción del sueldo de los miembros de la Asamblea Legislativa, no podrán ser disminuidos durante el término para el cual fueron electos o nombrados. Los del Gobernador y el Contralor no podrán ser aumentados durante dicho término. Ningún aumento en los sueldos de los miembros de la Asamblea Legislativa tendrá efectividad hasta vencido el término de la Asamblea Legislativa que lo apruebe. Cualquier reducción de los sueldos de los miembros de la Asamblea Legislativa solo tendrá efectividad durante el término de la Asamblea Legislativa que la apruebe.

Sección 12. Residencia del Gobernador

Los edificios y propiedades pertenecientes al Estado Libre Asociado que hasta ahora han sido usados y ocupados por el Gobernador como Jefe Ejecutivo, y aquellos que usare y ocupare en la misma capacidad, no devengarán rentas.

Sección 13. Franquicias, derechos, privilegios y concesiones

El procedimiento para otorgar franquicias, derechos, privilegios y concesiones de carácter público o cuasi público será determinado por ley, pero toda concesión de esta índole a una persona o entidad privada deberá ser aprobada por el Gobernador o por el funcionario ejecutivo en quien él delegue. Toda franquicia, derecho, privilegio o concesión de carácter público o cuasi público estará sujeta a enmienda, alteración o revocación según se determine por ley.

Sección 14. Tenencia de tierras por corporaciones

Ninguna corporación estará autorizada para efectuar negocios de compra y venta de bienes raíces; ni se le permitirá poseer o tener dicha clase de bienes a excepción de aquellos que fuesen racionalmente necesarios para poder llevar adelante los propósitos a que obedeció su creación; y el dominio y manejo de terrenos de toda corporación autorizada para dedicarse a la agricultura estarán limitados, por su carta constitutiva, a una cantidad que no exceda de quinientos acres; y esta disposición se entenderá en el sentido de impedir a cualquier miembro de una corporación agrícola que tenga interés de ningún género en otra corporación de igual índole.

Podrán, sin embargo, las corporaciones efectuar préstamos, con garantías sobre bienes raíces y adquirir éstos cuando sea necesario para el cobro de los préstamos; pero deberán disponer de dichos bienes raíces así obtenidos dentro de los cinco años de haber recibido el título de propiedad de los mismos.

Las corporaciones que no se hayan organizado en Puerto Rico, pero que hagan negocios en Puerto Rico, estarán obligadas a cumplir lo dispuesto en esta **Sección**, hasta donde sea aplicable.

Estas disposiciones no impedirán el dominio, la posesión o el manejo de terrenos en exceso de quinientos acres por el Estado Libre Asociado y sus agencias o instrumentalidades.

Sección 15. Bandera, Escudo e Himno

La Asamblea Legislativa determinará todo lo concerniente a la Bandera, el Escudo y el Himno del Estado Libre Asociado. Una vez así establecidos, cualquier ley que los cambie no comenzará a regir hasta un año después de celebradas las elecciones generales siguientes a la fecha de la aprobación de dicha ley.

Sección 16. Juramento de funcionarios y empleados
públicos

Todos los funcionarios y empleados del Estado Libre Asociado, sus agencias, instrumentalidades y subdivisiones políticas prestarán, antes de asumir las funciones de sus cargos, juramento de fidelidad a la Constitución de los Estados Unidos de América y a la Constitución y a las leyes del Estado Libre Asociado de Puerto Rico.

Sección 17. Traslado de la sede del gobierno en caso de
emergencia

En casos de invasión, rebelión, epidemia o cualesquiera otros que provoquen un estado de emergencia, el Gobernador podrá convocar a la Asamblea Legislativa para reunirse fuera del sitio en que tengan su asiento las cámaras, siempre con sujeción a la aprobación o desaprobación de la Asamblea Legislativa. Asimismo podrá ordenar el traslado e instalación provisional del Gobierno, con sus agencias, instrumentalidades y organismos fuera de la sede del gobierno, por el tiempo que dure la emergencia.

Sección 18. Acciones criminales se instruirán a nombre
de El Pueblo de Puerto Rico

Texto de los Estatutos

Toda acción criminal en los tribunales del Estado Libre Asociado se instruirá a nombre y por autoridad de «El Pueblo de Puerto Rico», mientras otra cosa no se dispusiere por ley.

Sección 19. Recursos naturales; lugares históricos o
artísticos; instituciones penales; delincuentes

Será política pública del Estado Libre Asociado la más eficaz conservación de sus recursos naturales, así como el mayor desarrollo y aprovechamiento de los mismos para el beneficio general de la comunidad; la conservación y mantenimiento de los edificios y lugares que sean declarados de valor histórico o artístico por la Asamblea Legislativa; reglamentar las instituciones penales para que sirvan a sus propósitos en forma efectiva y propender, dentro de los recursos disponibles, al tratamiento adecuado de los delincuentes para hacer posible su rehabilitación moral y social.

Artículo VII. De las enmiendas a la Constitución

Sección 1. Proposición de Enmiendas

La Asamblea Legislativa podrá proponer enmiendas a esta Constitución mediante resolución concurrente que se apruebe por no menos de dos terceras partes del número total de los miembros de que se compone cada cámara. Toda proposición de enmienda se someterá a los electores capacitados en referéndum especial, pero la Asamblea Legislativa podrá, siempre que la resolución concurrente se apruebe por no menos de tres cuartas partes del número total de los miembros de que se compone cada cámara, disponer que el referéndum se celebre al mismo tiempo que la elección general siguiente. Cada proposición de enmienda deberá votarse separadamente y en ningún caso se podrá someter más de tres proposiciones de enmienda en un mismo referéndum. Toda enmienda contendrá sus propios términos de vigencia y formará parte de esta Constitución si es ratificada por el voto de la mayoría de los electores que voten sobre el particular. Aprobada una proposición de enmienda, deberá publicarse con tres meses de antelación, por lo menos, a la fecha del referéndum.

Sección 2. Revisión de la Constitución por Convención Constituyente

La Asamblea Legislativa podrá, mediante resolución concurrente aprobada por dos terceras partes del número total de los miembros de que se compone cada cámara, consultar a los electores capacitados si desean que se convoque a una convención constituyente para hacer una revisión de esta Constitución. La consulta se hará mediante referéndum que se celebrará al mismo tiempo que la elección general; y si se deposita a favor de la revisión una mayoría de los votos emitidos sobre el particular, se procederá a la revisión en Convención Constituyente elegida en la forma que se disponga por ley. Toda revisión de esta Constitución deberá someterse a los electores capacitados en referéndum especial para su aprobación o rechazo por mayoría de los votos que se emitan.

Sección 3. Limitación a las enmiendas

Ninguna enmienda a esta Constitución podrá alterar la forma republicana de gobierno que por ella se establece o abolir su Carta de Derechos. Cualquier enmienda o revisión de esta Constitución deberá ser compatible con la resolución decretada por el Congreso de los Estados Unidos aprobando esta Constitución con las disposiciones aplicables de la Constitución de los Estados Unidos, con la Ley de Relaciones Federales con Puerto Rico y con la Ley Pública 600 del Congreso Octogésimo primero, adoptada con el carácter de un convenio.

Artículo VIII. De los distritos senatoriales
y de los representativos

Sección 1. Demarcación de los distritos senatoriales y representativos

Los distritos senatoriales y representativos serán los siguientes:

I. DISTRITO SENATORIAL DE SAN JUAN estará compuesto de los siguientes Distritos Representativos:

Distrito Representativo 1. San Juan Antiguo, y los siguientes sectores censales de Santurce: 9, 10, 11, 12, 13, 14, 15, 16.01, 16.02, 17.01, 17.02, 18, 19, 20.01, 20.02, 21, 22, 23, 25, 26, 27, 28, 29, 30, 31, 41, 42.01, 42.02 y 40.

Distrito Representativo 2. Los sectores censales 24, 32, 33, 34, 35, 36, 37, 38 y 39 del barrio Santurce : los sectores censales 43, 65 y 68 del barrio Hato Rey Norte; del sector censal 43, se incluyen los bloques del 101 al 107, 201 al 206, 218 y 221 al 223; del sector censal 68 se incluyen los bloques del 101 al 118, 201 al 218, 301 al 319, 401 al 406, 410 al 414, 418 y 420 al 422; los sectores censales 44, 45, 62 y 63 del barrio Hato Rey Central, y los bloques 101, 103, 104, 105 y 106 del sector censal 61.01; los sectores censales 46, 47, 48 y 60 del barrio Oriente, y los bloques 101, 102, 103, 104, 105, 106 y 107 del sector censal 59.

Distrito Representativo 3. El barrio Sabana Llana Norte; el sector censal 50 de los barrios Oriente y Sabana Llana Norte (la población correspondiente a ambos barrios fue incluida en cada cual); el sector censal 56 de los barrios Oriente y Sabana Llana Sur (se incluye solamente la población correspondiente al barrio Oriente); el sector censal 49 del barrio Oriente; del sector censal 59 del barrio Oriente, se incluyen los bloques 108, 109 y 201 al 208; el sector censal 58 de los barrios Oriente y Universidad; el sector censal 90 del barrio Oriente; el sector censal 57 de los barrios Oriente y Universidad; el sector censal 61.02 de los barrios Universidad y Hato Rey Central; el sector censal 64 del barrio Hato Rey Central; los bloques 107, 108, 109, 110, 112, 201 y 202 del sector censal 61.01 del barrio Hato Rey Central; los sectores censales 66 y 87 del barrio Hato Rey Sur; del sector censal 67 de los barrios Hato Rey Norte y Hato Rey Sur se incluyen los siguientes bloques: 101 al 107, 201 al 203, 205, 207 al 210, 401 al 409 y 415; y el barrio Pueblo.

Distrito Representativo 4. El barrio Gobernador Piñero; el sector censal 70 de los barrios Hato Rey Norte y Gobernador Piñero (la parte de este sector censal perteneciente al barrio Hato Rey Norte no cuenta con población alguna); del sector censal 43 del barrio Hato Rey Norte se incluirán los bloques 221, 220, 225, 226 y 224; el sector censal 68 del barrio Hato Rey Norte (se incluye el bloque 419, el cual no tiene población); del sector censal 67 del barrio Hato Rey Sur se incluyen los siguientes bloques: 301, 302, 303, 304, 305, 306, 307, 308, 309, 310; el sector censal 86.01 de los barrios Hato Rey Sur y El Cinco; el sector censal 86.02 de los barrios Hato Rey Sur, El Cinco y Monacillo Urbano; el sector censal 86.03 del barrio El Cinco; el sector censal 97 de los barrios

Monacillo Urbano, El Cinco y Gobernador Piñero (se incluyó la población correspondiente a Monacillo Urbano, la parte en el barrio El Cinco no tiene población y la población de Gobernador Piñero fue incluida en el total de éste); el sector censal 82.02 de los barrios Monacillo Urbano y Gobernador Piñero (se incluye la población correspondiente a Monacillo Urbano; la población correspondiente al barrio Gobernador Piñero fue incluida en éste); del sector censal 81 del barrio Monacillo Urbano, se incluyen los bloques del 102 al 106, del 108 al 111, 201 al 205 y 303 al 311; el sector censal 80 de los barrios Monacillo Urbano y Gobernador Piñero, se incluyen los bloques 101, 104 al 108, 201 al 205, 301 al 304, 306 y 505 al 507; y el sector censal 79 de los barrios Monacillo Urbano y Gobernador Piñero (se incluyó la población correspondiente al barrio Monacillo Urbano, la población del barrio Gobernador Piñero se incluyó en éste).

Distrito Representativo 5. Los barrios Quebrada Arenas, Tortugo, Caimito, Cupey y Monacillo; los bloques 301, 302, 401, 402, 403 y 404 del sector censal 81 del barrio Monacillo Urbano; los bloques 307, 401, 403, 404, 405, 406, 408, 409, 410, 501, 502, 503 y 504 del sector censal 80 del barrio Monacillo Urbano; el sector censal 98 del barrio Monacillo Urbano; los sectores censales 96.01, 96.02 y 96.03 de los barrios El Cinco y Monacillo Urbano; el sector censal 95 de los barrios El Cinco, Pueblo y Sabana Llana Sur (solamente se incluyó la población correspondiente al barrio El Cinco); y el sector censal 96.04 de los barrios Monacillo Urbano y Monacillo.

II. DISTRITO SENATORIAL DE BAYAMÓN estará compuesto de los siguientes Distritos Representativos:

Distrito Representativo 6. El municipio de Guaynabo.

Distrito Representativo 7. El municipio de Toa Alta, y los barrios Nuevo, Guaraguao Arriba, Guaraguao Abajo, Dajaos, Santa Olaya, Buena Vista y la parte del sector censal 311.03 del barrio Pájaros; la **Sección** del sector censal 313 del barrio Cerro Gordo y los sectores censales 317.02, 317.03 y 317.04 correspondientes al barrio Minillas de Bayamón.

Distrito Representativo 8. El sector censal 317.01, el cual es parte de los barrios Minillas y Juan Sánchez; los sectores censales 316.12, 316.32, 316.11, 316.21, 316.31, 316.22, 316.41, los cuales son parte del barrio Minillas; el sector censal 304, el cual es parte del barrio Bayamón Pueblo (el bloque 103 de este sector censal pertenece al barrio Juan Sánchez); los sectores censales 314.03, 314.01, 314.02, 315.01, los cuales son parte del barrio Cerro Gordo; los sectores censales 315.02 y 315.03, los cuales son parte de los barrios Cerro Gordo y Pueblo de Bayamón; el sector censal 307, parte de los barrios Bayamón Pueblo y Pájaros; sector censal 308, parte de los barrios Bayamón Pueblo y Pájaros; el sector censal 309.03, parte del barrio Pájaros; los sectores censales 312.03, 312.02, 311.01, 309.04, los cuales son parte del barrio Pájaros de Bayamón; el sector censal 312.01, parte de los barrios Pájaros y Bayamón Pueblo; el sector censal 311.02, parte de los barrios Pájaros y Hato Tejas (se incluyó la población del barrio Pájaros); el sector censal 310.03, se incluyó la población dentro del barrio Pájaros.

Distrito Representativo 9. El municipio de Cataño y el barrio Juan Sánchez (menos el bloque 103 del sector censal

304); los sectores censales 302, 303 y 305 del barrio Bayamón Pueblo, la parte del sector censal 306 que pertenece al barrio Bayamón Pueblo; el barrio Hato Tejas (menos el sector censal 310.02).

Distrito Representativo 10. El municipio de Toa Baja y el sector censal 310.02 del barrio Hato Tejas de Bayamón.

III. DISTRITO SENATORIAL DE ARECIBO estará compuesto de los siguientes Distritos Representativos:

Distrito Representativo 11. Los municipios de Dorado y Vega Alta, y los barrios Puerto Nuevo, Cabo Caribe, Cibuco, Ceiba, Almirante Norte, Almirante Sur, Río Arriba, Vega Baja Pueblo y Río Abajo de Vega Baja.

Distrito Representativo 12. Los municipios de Manatí y Morovis, y los barrios Yeguada, Algarrobo, Pugnado Afuera, Pugnado Adentro y Quebrada Arenas de Vega Baja.

Distrito Representativo 13. Los municipios de Ciales, Florida y Barceloneta, y los barrios Cambalache, Islote, Factor, Garrochales, Santana, Domingo Ruiz, Arenalejos, Miraflores, Sabana Hoyos, Arrozal, Carreras, Río Arriba y Hato Viejo de Arecibo.

Distrito Representativo 14. El municipio de Hatillo y los barrios Hato Abajo, Hato Arriba, Dominguito, Esperanza, Tanamá y Pueblo de Arecibo.

Distrito Representativo 15. Los municipios de Isabela, Quebradillas y Camuy.

IV. **DISTRITO SENATORIAL DE MAYAGÜEZ** estará compuesto de los siguientes Distritos Representativos:

Distrito Representativo 16. El municipio de Aguadilla y los siguientes barrios de Moca: Aceitunas, Centro, Rocha, Cuchilla, Pueblo, Capá, Voladoras, Cruz, Naranjo, Marías y Moca Pueblo.

Distrito Representativo 17. Los municipios de Aguada, Rincón y Añasco, y los barrios Cerro Gordo y Plata de Moca, más los barrios Sabanetas, Río Cañas Abajo, Quemado y Leguísamo del municipio de Mayagüez.

Distrito Representativo 18. Los barrios urbanos Candelaria, Cárcel, Marina Meridional, Marina Septentrional, Río y Salud; los barrios Miradero, Mayagüez Arriba, Quebrada Grande, Sábalos, Juan Alonso, Algarrobo, Guanajibo y Río Hondo del municipio de Mayagüez.

Distrito Representativo 19. Los municipios de San Sebastián, Las Marías, Hormigueros y Maricao; y los barrios Río Cañas Arriba, Bateyes, Naranjales, Montoso, Limón, Rosario y Malezas de Mayagüez; y los barrios Rosario Bajo, Duey Bajo, Duey Alto, Hoconuco Bajo, Hoconuco Alto, Rosario Alto y Rosario Peñón del municipio de San Germán.

Distrito Representativo 20. Los municipios de Cabo Rojo y Lajas; y los barrios San Germán Pueblo, Caín Alto, Caín Bajo, Guamá, Minillas, Retiro, Ancones, Maresúa, Sabana Grande Abajo, Sabana Eneas, Cotuí y Tuna de San Germán; la Isla de Mona e Islote Monito.

V. DISTRITO SENATORIAL DE PONCE estará compuesto de los siguientes Distritos Representativos:

Distrito Representativo 21. Los municipios de Sabana Grande, Guánica y Yauco; los barrios Consejo, Llano, Sierra Baja, Pasto y Jagua Pasto de Guayanilla.

Distrito Representativo 22. Los municipios de Lares, Utuado y Adjuntas.

Distrito Representativo 23. El municipio de Peñuelas; los siguientes barrios de Guayanilla: Quebrada Honda, Barrero, Macaná, Quebradas, Jaguas, Magas, Cedro, Boca, Indios, Rufina, Playa y Guayanilla Pueblo; los barrios Canas, Magueyes Urbano, Quebrada Limón, Portugués, Magueyes, Marueño, Tibes, Monte Llano, Guaraguao y San Patricio de Ponce.

Distrito Representativo 24. Los barrios Playa, Canas Urbano y Portugués Urbano; los barrios Primero, Segundo, Tercero, Cuarto, Quinto y Sexto de Ponce.

Distrito Representativo 25. El municipio de Jayuya; y los barrios Anón, Mayagüez, Real, Machuelo Arriba, Machuelo Abajo, San Antón, Cerrillos, Coto Laurel, Sabanetas, Capitanejo, Vajas y Bucaná del municipio de Ponce.

VI. DISTRITO SENATORIAL DE GUAYAMA estará compuesto de los siguientes Distritos Representativos:

Distrito Representativo 26. Los municipios de Villalba y Juana Díaz; y los barrios Santa Isabel Pueblo, Playa, Boca Velázquez y Descalabrado de Santa Isabel.

Distrito Representativo 27. Los municipios de Orocovis y Coamo; y los barrios Algarrobo, Pasto, Asomante, Llanos y Caonillas de Aibonito; y los barrios Honduras, Helechal, Palo Hincado, Barrancas, Cañabón y Pueblo de Barranquitas.

Distrito Representativo 28. Los municipios de Corozal, Naranjito, Comerío; y los barrios Quebradilla y Quebrada Grande del municipio de Barranquitas.

Distrito Representativo 29. El municipio de Cidra; y los barrios Aibonito Pueblo, Plata, Robles y Cuyón del municipio de Aibonito; y los barrios Cayey Pueblo, Beatriz, Vegas, Rincón Monte Llano, Toíta, Quebrada Arriba, Sumido, Lapa, Pedro Avila, Pasto Viejo, Piedras, Matón Abajo y Matón Arriba del municipio de Cayey.

Distrito Representativo 30. Los municipios de Guayama y Salinas; y los barrios Guavate, Farallón, Cedro, Culebras Bajo, Culebras Alto, Jájome Alto, Jájome Bajo y Cercadillo del municipio de Cayey; y los barrios Felicia 1, Felicia 2, Jauca 1 y Jauca 2 del municipio de Santa Isabel.

VII. DISTRITO SENATORIAL DE HUMACAO estará compuesto de los siguientes Distritos Representativos:

Distrito Representativo 31. El municipio de Aguas Buenas; los barrios San Antonio, Río Cañas, Bairoa, Cañabón, Cañaboncito y Beatriz de Caguas y los sectores censales 2015, 2029, y parte de los sectores censales 2004, 2005, 2015 y 2015 del barrio Pueblo de Caguas.

Distrito Representativo 32. El municipio de Gurabo; y los barrios Tomás de Castro, Turabo, Borinquen, San Salvador y parte de los sectores censales 2006, 2008, 2009, 2017, 2018 y 2015; los sectores censales 2010, 2015 y 2016 del barrio Pueblo de Caguas.

Distrito Representativo 33. Los municipios de Juncos, San Lorenzo y Las Piedras.

Distrito Representativo 34. Los municipios de Yabucoa, Maunabo, Patillas y Arroyo.

Distrito Representativo 35. Los municipios de Humacao, Naguabo y Ceiba.

VIII. DISTRITO SENATORIAL DE CAROLINA estará compuesto de los siguientes Distritos Representativos:

Distrito Representativo 36. Los municipios de Fajardo, Luquillo, Culebra y Vieques; los barrios Río Grande Pueblo, Herrera, Guzmán Abajo, Guzmán Arriba, Ciénaga Alta, Zarzal, Jiménez y Mameyes Segundo de Río Grande.

Distrito Representativo 37. Los municipios de Loíza y Canóvanas; y los barrios Canovanillas, Santa Cruz, Barrazas, Carruzos y Cedros de Carolina; y el barrio Ciénaga Baja de Río Grande.

Distrito Representativo 38. Los barrios Carolina Pueblo, Hoyo Mulas, San Antón, Martín González, Trujillo Bajo y Cacao del municipio de Carolina; y los barrios Dos Bocas, La Gloria, Quebrada Negrito y Quebrada Grande del municipio de Trujillo Alto.

Distrito Representativo 39. Los barrios Cangrejo Arriba y Sabana Abajo de Carolina.

Distrito Representativo 40. El barrio Sabana Llana Sur del municipio de San Juan; y los barrios Trujillo Alto Pueblo, Cuevas y Carraízo de Trujillo Alto.

Sección 2. Zonas electorales de San Juan

Las zonas electorales números 1, 2, 3 y 4 incluidas en tres distritos representativos comprendidos en el distrito senatorial de San Juan, son las mismas actualmente existentes para fines de organización electoral, en el segundo precinto de San Juan.

Artículo IX. Disposiciones transitorias

Sección 1. Continuación de Leyes, derechos, responsabilidad, etc.

Al comenzar a regir esta Constitución todas las leyes que no estén en conflicto con la misma continuarán en vigor íntegramente hasta que sean enmendadas o derogadas o hasta que cese su vigencia de acuerdo con sus propias disposiciones.

Salvo que otra cosa disponga esta Constitución, la responsabilidad civil y criminal, los derechos, franquicias, concesiones, privilegios, reclamaciones, acciones, causas de acción, contratos y los procesos civiles, criminales y administrativos subsistirán no obstante la vigencia de esta Constitución.

Sección 2. Funcionarios existentes continuarán en sus cargos

Todos los funcionarios que ocupen cargos por elección o nombramiento a la fecha en que comience a regir esta Constitución, continuarán en el desempeño de los mismos y continuarán ejerciendo las funciones de sus cargos que no sean incompatibles con esta Constitución, a menos que las funciones de los mismos sean abolidas o hasta tanto sus sucesores sean seleccionados y tomen posesión de acuerdo con esta Constitución y con las leyes aprobadas bajo la autoridad de la misma.

Sección 3. Jueces existentes continuarán en sus cargos

Independientemente del límite de edad fijado por esta Constitución para el retiro obligatorio, todos los jueces de los tribunales de Puerto Rico que estén desempeñando sus cargos a la fecha en que comience a regir esta Constitución continuarán como jueces hasta la expiración del término por el cual fueron nombrados y los del Tribunal Supremo continuarán en sus cargos mientras observen buena conducta.

Sección 4. El Estado Libre Asociado de Puerto Rico será sucesor de El Pueblo de Puerto Rico

El Estado Libre Asociado de Puerto Rico será sucesor de El Pueblo de Puerto Rico a todos los efectos, incluyendo, pero sin que se entienda como una limitación, el cobro y pago de deudas y obligaciones de acuerdo con los términos de las mismas.

Sección 5. Expresión «Ciudadano del Estado Libre Asociado de Puerto Rico» sustituirá la de «Ciudadano de Puerto Rico»

En lo sucesivo la expresión «ciudadano del Estado Libre Asociado de Puerto Rico», sustituirá a la expresión «ciudadano de Puerto Rico» según ésta ha sido usada antes de la vigencia de esta Constitución.

Sección 6. Partidos políticos

Los partidos políticos continuarán disfrutando de todos los derechos que les reconozca la ley electoral, siempre que reúnan los requisitos mínimos exigidos para la inscripción de nuevos partidos por la ley vigente al comenzar a regir esta Constitución. La Asamblea Legislativa, cinco años después de estar en vigor la Constitución, podrá cambiar estos requisitos, pero cualquier ley que aumente los mismos, no será efectiva hasta después de celebrada la elección general siguiente a la aprobación de la misma.

Sección 7. Leyes complementarías de las disposiciones transitorias

La Asamblea Legislativa podrá aprobar las leyes que fueren necesarias para complementar y hacer efectivas estas disposiciones transitorias a fin de asegurar el funcionamiento del Gobierno, hasta que los funcionarios que en esta Constitución se proveen sean electos o nombrados y tomen posesión de sus cargos, y hasta que esta Constitución adquiera vigencia en todos sus aspectos.

Sección 8. División del Departamento de Agricultura y Comercio

De crearse un Departamento de Comercio, el departamento denominado de Agricultura y Comercio en esta Constitución, se llamará Departamento de Agricultura.

Sección 9. Primeras y segundas elecciones generales

La primera elección bajo las disposiciones de esta Constitución se celebrará en la fecha que se disponga por ley, pero no más tarde de seis meses después de la fecha en que comience a regir esta Constitución y la siguiente se celebrará en el mes de noviembre de 1956, en el día que se determine por ley.

Sección 10. Fecha de vigencia de la Constitución

Esta Constitución comenzará a regir cuando el Gobernador así lo proclame, pero no más tarde de sesenta días después su ratificación por el Congreso de los Estados Unidos.

DADA en Convención reunida en el Capitolio de Puerto Rico el día seis de febrero del año de Nuestro Señor de mil novecientos cincuenta y dos.

Firmas de los constituyentes.

Libros a la carta

A la carta es un servicio especializado para
empresas,
librerías,
bibliotecas,
editoriales
y centros de enseñanza;
y permite confeccionar libros que, por su formato y concepción, sirven a los propósitos más específicos de estas instituciones.

Las empresas nos encargan ediciones personalizadas para marketing editorial o para regalos institucionales. Y los interesados solicitan, a título personal, ediciones antiguas, o no disponibles en el mercado; y las acompañan con notas y comentarios críticos.

Las ediciones tienen como apoyo un libro de estilo con todo tipo de referencias sobre los criterios de tratamiento tipográfico aplicados a nuestros libros que puede ser consultado en Linkgua-ediciones.com.

Linkgua edita por encargo diferentes versiones de una misma obra con distintos tratamientos ortotipográficos (actualizaciones de carácter divulgativo de un clásico, o versiones estrictamente fieles a la edición original de referencia).

Este servicio de ediciones a la carta le permitirá, si usted se dedica a la enseñanza, tener una forma de hacer pública su interpretación de un texto y, sobre una versión digitalizada «base», usted podrá introducir interpretaciones del texto fuente. Es un tópico que los profesores denuncien en clase los desmanes de una edición, o vayan comentando errores de interpretación de un texto y esta es una solución útil a esa necesidad del mundo académico.

Asimismo publicamos de manera sistemática, en un mismo catálogo, tesis doctorales y actas de congresos académicos, que son distribuidas a través de nuestra Web.

El servicio de «libros a la carta» funciona de dos formas.

1. Tenemos un fondo de libros digitalizados que usted puede personalizar en tiradas de al menos cinco ejemplares. Estas personalizaciones pueden ser de todo tipo: añadir notas de clase para uso de un grupo de estudiantes, introducir logos corporativos para uso con fines de marketing empresarial, etc. etc.

2. Buscamos libros descatalogados de otras editoriales y los reeditamos en tiradas cortas a petición de un cliente.